Te 84/33

AF466404

MÉMOIRE

SUR LA

DÉSARTICULATION TOTALE DE LA MACHOIRE INFÉRIEURE

LU A L'ACADÉMIE DES SCIENCES LE 10 AOUT 1857

PAR

M. LE Dr J. G. MAISONNEUVE

Chirurgien de l'hôpital de la Pitié.

AVEC PLANCHES NOIRES. . . . . . 6 FRANCS.

AVEC PLANCHES COLORIÉES. . . . 12 FRANCS.

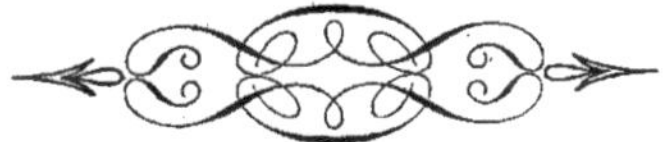

PARIS

LABÉ, LIBRAIRE DE LA FACULTÉ DE MÉDECINE

23, PLACE DE L'ÉCOLE DE MÉDECINE

1859

TTL 84

MÉMOIRE

SUR LA

DÉSARTICULATION TOTALE DE LA MACHOIRE INFÉRIEURE

LU A L'ACADÉMIE DES SCIENCES LE 10 AOUT 1857

PAR

M. LE Dr J. G. MAISONNEUVE

Chirurgien de l'hôpital de la Pitié

Il y a quelques années à peine, l'ablation totale de la mâchoire inférieure était considérée comme une entreprise tellement dangereuse, qu'aucun chirurgien français n'avait osé l'aborder (1).

(1) Depuis la publication de ce Mémoire, de profondes recherches ont été faites sur ce point de la science par plusieurs de nos plus érudits confrères, M. Huguier, d'une part*, et d'autre part MM. Denonvilliers et Gosselin**, et de ces recherches il résulte : « *qu'aucune des observations de Walther à Bonn, d'Heyfelder à Erlangen, de Pitha à Prague, de Carnochan à New-York, non plus que celles de Signoroni, ne pouvaient être considérées comme de véritables résections totales de la mâchoire, et que c'est en réalité M. Maisonneuve qui a le premier pratiqué cette opération.* »

Les annales de la science, disent les éminents auteurs du *Compendium*, renferment un certain nombre d'observations de malades qui, à la suite de plaies par armes à feu, ont perdu la totalité ou la presque totalité de la mâchoire inférieure, et il serait facile de trouver plusieurs cas de nécrose dans lesquels le chirurgien a extrait, en une ou plusieurs séances, des séquestres comprenant tout le maxillaire inférieur. S'il n'est pas parfaitement avéré que Walther de Bonn ait pratiqué dans cette condition l'ablation de la totalité de la mâchoire inférieure, après avoir lié préalablement les deux artères carotides primitives, il est certain que cette ablation a été

* Huguier, *Bulletin de l'Académie de médecine*, 1857, t. XXII.
** Denonvilliers et Gosselin, *Compendium de chirurgie*, t. III, p. 629.

1859

Outre les difficultés extrêmes dont son exécution semblait entourée, outre la crainte qu'inspirait le voisinage des vaisseaux carotidiens, on était persuadé qu'après cette grave opération la langue, privée de ses attaches antérieures, devait nécessairement se rétracter en arrière et produire la suffocation. On croyait surtout qu'en supposant la guérison possible, une semblable mutilation devait laisser le malade dans un état déplorable et le priver à jamais de la mastication et de la parole.

Telle était l'opinion générale à ce sujet quand, en 1853, j'eus l'honneur de présenter à l'Académie des sciences une jeune fille à laquelle j'avais récemment pratiqué l'ablation totale de la mâchoire, et chez laquelle aucun des accidents dont nous venons de parler ne s'était réalisé.

Cependant, comme l'opération avait été faite en deux temps, on pouvait croire, à la rigueur, que cette circonstance avait pu neutraliser une partie de ses inconvénients et de ses dangers.

Mais, en 1856, j'eus l'occasion de l'exécuter de nouveau chez un jeune homme que j'ai eu l'honneur de présenter à l'Académie le 12 mai 1856. Dans ce deuxième cas, la manœuvre opératoire avait été prompte et facile, aucun accident n'avait entravé la guérison ; le visage avait conservé sa forme régulière, la phonation était intacte ; et, grâce à l'ingénieux dentier construit par MM. Préterre et Fowler, le jeune homme pouvait broyer facilement les aliments solides. (Il occupe aujourd'hui une position de contre-maître dans une usine en Espagne.)

---

faite par M. Heyfelder à Erlangen en 1823, par le professeur Pitha de Prague en 1845, par le docteur Carnochan de New-York en 1837 et répétée par Heyfelder en 1853. (Voyez *Monit. des hôp.*, 1853 p. 313, 353, 360, 732, 740, 758, 955, et *Bull de l'Acad. de méd.*, t. XXII, Rapport de M. Huguier sur un Mémoire de M. Heyfelder.) Nous avons déjà dit que nous ne pouvions considérer ces opérations comme de véritables résections, pas plus que le fait de Blandin qui, en 1848, enleva en une séance la totalité de la mâchoire inférieure nécrosée par le phosphore. M. Signoroni, chez un malade atteint d'ostéosarcome, n'a pas, comme on l'a prétendu, enlevé la totalité du maxillaire inférieur. *C'est en réalité M. Maisonneuve qui a le premier pratiqué cette grande mutilation pour une lésion organique.* Sa première malade fut opérée en deux séances, à dix-huit mois d'intervalle (*Monit. des hôp.*, 1853, p. 746), deux autres, l'une en 1856, l'autre en 1857, le furent en une seule séance (*Monit. des hôp.*, 1856, p. 174, et *Gaz. des hôp.*, 1857).

Enfin, tout récemment encore, le 25 juin 1857, j'ai pour la troisième fois pratiqué avec succès cette opération chez une jeune fille de 18 ans, que j'ai présentée tant à l'Académie des sciences qu'à l'Académie de médecine et à la Société de chirurgie.

Quoique peu nombreux encore, ces trois faits, dont la similitude est si parfaite, et dont les résultats ont été si remarquablement heureux, m'ont paru dignes de fixer l'attention des chirurgiens et suffisants pour autoriser l'admission de cette opération au nombre des ressources régulières de la médecine opératoire.

DESCRIPTION DU PROCÉDÉ.

Bien que les procédés imaginés à diverses époques et par des chirurgiens du plus haut mérite, pour la résection partielle de l'os maxillaire inférieur, puissent, à la rigueur, servir à la désarticulation totale de cet os, je dois dire qu'aucun d'eux ne m'a paru répondre entièrement aux exigences spéciales de cette grave opération, et que pour remplir d'une manière convenable toutes les indications que je m'étais posées, j'ai dû créer pour ainsi dire de toutes pièces un nouveau manuel opératoire.

Laissant donc de côté et la ligature préalable de la carotide préconisée par Mott de Philadelphie et Grœfe de Berlin, et les grandes incisions transversales de Lisfranc, Blandin, Cusack, etc., et les dissections au bistouri, si longues, si difficiles, et surtout si dangereuses au voisinage des vaisseaux carotidiens, je posai en principe :

1° De limiter les incisions à la division de la lèvre inférieure et des gencives ;

2° D'opérer la dissection de l'os en *détachant le périoste* au moyen des doigts seuls ou d'un instrument mousse ;

3° De ne couper les insertions des muscles crotaphyte, masseter et ptérygoïdien interne qu'avec des ciseaux courbes et peu tranchants ;

4° De terminer l'extirpation de l'os au moyen d'une traction violente qui déchire à la fois le ptérygoïdien externe, les ligaments articulaires, ainsi que les vaisseaux et nerfs dentaires inférieurs.

De grands avantages résultent de ce mode opératoire :

1° En bornant à une seule incision verticale, ou tout au plus à une incision en ⊥ la division des parties molles extérieures, on évite à la fois et ces longues cicatrices toujours si désagréables sur le visage, et les paralysies partielles des muscles de la face, qui, dans la plupart des autres procédés, résultent de la section inévitable d'un certain nombre de filets du nerf facial, et les hémorrhagies dues à la section des artères faciales et les longueurs et les douleurs qu'entraîne la ligature de ces vaisseaux.

2° En énucléant l'os de son périoste à l'aide des doigts ou de quelque instrument mousse, non-seulement on laisse intactes les artères et veines faciales ainsi que leurs divisions principales, qui dans la dissection au bistouri sont presque nécessairement divisées, et nécessitent de nombreuses ligatures, mais encore on conserve aux muscles de la langue des insertions qui servent à maintenir cet organe en place ; on limite à une surface parfaitement circonscrite (la face interne du périoste) le travail inflammatoire qui, dans les procédés ordinaires, s'opère nécessairement au milieu de tissus irrégulièrement divisés, séparés par des interstices celluleux et par conséquent favorables aux inflammations phlegmoneuses. Enfin, ainsi qu'il résulte des magnifiques travaux de M. Flourens et ainsi que j'en ai observé plusieurs exemples, on a l'espoir de voir se reproduire plus tard un arc osseux plus ou moins complet ou tout au moins un tissu résistant, qui permettra plus tard l'application d'une mâchoire artificielle (1).

3° En substituant, pour l'extraction de l'os, le procédé de l'arrachement à celui de la dissection, non-seulement on abrége considérablement cette opération déjà si longue et si pénible, mais encore on la rend infiniment plus facile, et surtout on évite avec certitude toute

---

(1) Parmi les faits de reproduction osseuse que j'ai eu l'occasion d'observer, l'un des plus remarquables est celui d'un jeune homme auquel j'avais désarticulé la branche montant du côté droit, et chez qui l'os s'est reproduit d'une manière si complète qu'on serait tenté de croire que cette désarticulation n'a pas eu lieu.

crainte de blesser les vaisseaux carotidiens, sans compter que les branches secondaires de l'artère maxillaire interne, dont on ne peut éviter la lésion, se trouvent par le fait de l'arrachement divisées de telle sorte que leurs parois, effilées comme un tube à la lampe, ne laissent plus suinter une seule goutte de sang.

4° Enfin, à cette méthode de l'arrachement est attaché un avantage infiniment plus précieux encore que tous les autres, et sur lequel nous ne saurions trop appeler l'attention des chirurgiens, parce qu'il nous paraît de nature à motiver de graves modifications dans le manuel d'un grand nombre d'opérations : je veux parler de l'avantage qu'a la méthode de l'arrachement de mettre plus sûrement qu'aucune autre à l'abri de l'infection purulente.

Aucune autre méthode, en effet, n'a plus de puissance pour oblitérer d'une manière efficace les orifices vasculaires par lesquels se propage dans l'intérieur des veines, l'inflammation suppurative, cause première de cette redoutable affection.

Ce n'est pas seulement sur des idées théoriques qu'est basée l'opinion que je viens d'émettre : des faits nombreux en établissent l'exactitude, et pour ne parler que de la désarticulation de l'os maxillaire inférieur, je dirai qu'indépendamment des trois faits de désarticulation totale dont je vais donner la description complète, j'en possède encore un grand nombre d'autres, où la désarticulation n'a eu lieu que d'un seul côté, et qui tous ont été remarquables par le peu de gravité des accidents traumatiques.

Cela ne veut pas dire toutefois qu'aucun de ces vingt malades n'ait succombé à la suite de l'opération, mais très-certainement les accidents que nous avons observés ont été, sinon toujours, au moins dans la plupart des cas, bien plutôt le fait de la maladie pour laquelle l'opération était pratiquée, que celui de l'opération elle-même. Aussi n'hésitons-nous pas à dire que parmi les opérations majeures de la chirurgie, la désarticulation partielle ou même totale de la mâchoire inférieure est l'une des moins dangereuses, lorsqu'on l'exécute d'après les principes que nous avons exposés.

PREMIÈRE OBSERVATION.

Ablation totale de la mâchoire inférieure pour un cancer de cet os. — Guérison.

(Observation communiquée à l'Académie de médecine, séance du 3 mai 1853.)

Soliveau (Angélina), âgée alors de 15 ans, vint au mois de juin 1851 me consulter, à l'hôpital Cochin, pour une tumeur qui envahissait toute la moitié latérale gauche du maxillaire inférieur. Cette tumeur avait débuté d'une manière insensible, de sorte qu'au mois de mars, époque où la malade s'aperçut de son existence, elle avait acquis déjà un volume assez considérable. Sa présence toutefois ne gênait en rien la mastication non plus que la parole. Cet état persista sans changement notable jusqu'à la fin de juin, où la tumeur devint le siége de douleurs lancinantes, d'abord rares, puis de plus en plus fréquentes, qui la décidèrent à entrer à l'hôpital le 8 juillet 1851.

A cette époque, je reconnus que la tumeur occupait toute la moitié latérale gauche de l'os maxillaire inférieur, dont le volume avait plus que triplé; qu'elle était lisse, régulière, d'une consistance ferme; que les dents, parfaitement saines, n'étaient même point ébranlées; que les parties molles des lèvres et de la joue avaient conservé leur souplesse, leur texture et leur coloration normales. La malade se plaignait de douleurs lancinantes bien différentes des douleurs névralgiques ou douleurs dentaires.

L'ensemble de ces symptômes me fit penser que j'avais affaire à une tumeur carcinomateuse de l'os, et m'engagea à proposer la désarticulation de toute la moitié latérale gauche du maxillaire inférieur.

Cette proposition ayant été agréée des parents, l'opération fut pratiquée le 17 juillet 1851 de la manière suivante :

La malade étant couchée sur le lit d'opération et soumise au chloroforme, j'incisai d'un seul trait et sur la ligne médiane la lèvre inférieure et les parties molles du menton jusqu'à la naissance du cou. Une seconde incision partant de l'extrémité inférieure de la précédente fut dirigée d'abord transversalement le long du bord inférieur de la mâchoire, puis obliquement en haut jusqu'au niveau du lobule de l'oreille. Le vaste lambeau circonscrit par ces deux incisions fut séparé rapidement de la face externe de l'os maxillaire au moyen du bistouri, qui servit aussi à détacher les insertions inférieures du muscle masseter. Passant alors une scie à chaîne sous la mâchoire au moyen d'une grande aiguille courbe, je pratiquai la section de l'os entre la première et la deuxième dent incisive droite. Ceci étant fait, je disséquai à grands traits les portions molles adhérentes à la face interne de la mâchoire, coupant d'abord à leur insertion les muscles qui s'attachent aux apophyses géni, puis le mylo-hyoïdien, le ptérygoïdien interne, ainsi que les vaisseaux et nerfs dentaires inférieurs. Imprimant ensuite un mouvement de bascule à l'os maxillaire inférieur, je fis saillir l'apophyse coronoïde sur laquelle je divisai, avec des ciseaux mousses, le tendon du muscle crotaphyte. Aussitôt après la division de ce muscle, la capsule, fortement distendue par le condyle, put être incisée facilement avec la pointe du bistouri, et quelques coups de ciseaux suffirent pour dégager entièrement l'os des tissus auxquels il adhérait encore.

Dans cette opération, qui dura moins de dix minutes, trois artères seulement furent intéressées : la coronaire des lèvres, la faciale et la dentaire inférieures; toutes trois furent liées à l'aide de pinces à coulant, et les parties molles furent réunies par la suture entortillée.

La pièce anatomique fut confiée à l'examen de M. Lebert, qui reconnut une affection cancéreuse de l'os, du genre dit cancer en aiguilles. Le microscope y démontra de nombreuses cellules spécifiques, ainsi qu'on peut le voir sur le dessin qu'en a fait M. Leveillé.

Aucun accident sérieux ne vint contrarier la guérison, et lorsque le 24 septembre la malade sortit de l'hôpital, il ne restait d'autres traces de l'opération qu'une cicatrice linéaire sur le trajet des incisions. Le canal de Sténon et le nerf facial avaient été ménagés dans l'opération, de sorte qu'il n'y eut ni fistule ni paralysie. Le visage avait même conservé une régularité parfaite.

Quinze mois se passèrent sans que la guérison se démentît; mais au mois de novembre 1852, la partie de l'os que l'on avait conservée commença à son tour se à tuméfier. D'abord peu sensible, cette tuméfaction fit chaque jour des progrès; des douleurs lancinantes semblables à celles qui avaient existé du côté gauche se manifestèrent du côté droit.

La malade se décida à revenir me voir, et je la fis entrer de nouveau à l'hôpital Cochin, le 28 mars 1853.

La portion restante de l'os maxillaire présentait les mêmes altérations qu'on avait antérieurement constatées sur la partie gauche, seulement ces altérations étaient moins avancées; la tumeur, moins volumineuse, ne remontait pas aussi haut vers le condyle. Comme la première fois, les parties molles des lèvres et de la joue étaient intactes, les ganglions n'offraient aucune trace d'engorgement, les dents étaient solides; mais l'existence de douleurs lancinantes, et la nature bien constatée de l'affection antérieure, me déterminèrent à compléter l'ablation totale du maxillaire. Cette dernière opération fut pratiquée le 31 mars 1853.

La malade étant, comme la première fois, soumise au chloroforme et couchée sur le lit d'opération, je divisai verticalement la lèvre inférieure et les parties molles du menton sur le trajet de l'ancienne cicatrice. Une seconde incision partant de l'extrémité inférieure de la première fut dirigée le long du bord inférieur de l'os jusqu'au devant de l'insertion du masseter; je crus pouvoir me dispenser de la prolonger, comme dans l'opération précédente, jusqu'au niveau du lobule de l'oreille. En effet, cette incision me suffit pour mettre à découvert toute la face externe de la mâchoire et pour diviser avec un bistouri boutonné les insertions inférieures du masseter. Écartant ensuite l'os en dehors, je séparai facilement les insertions du muscle mylo-hyoïdien, ainsi que celles du ptérygoïdien interne.

Dans un troisième temps, j'imprimai un mouvement de bascule à la mâchoire afin de faire saillir l'apophyse coronoïde, sur laquelle je coupai le tendon du muscle crotaphyte. Puis, ayant dans un dernier temps incisé la capsule articulaire sur le condyle lui-même et coupé l'insertion du ptérygoïdien externe, je terminai l'opération en arrachant l'os, qui ne tenait plus que par quelques brides peu solides.

Dans cette opération, il n'y eut d'intéressé qu'une seule artère importante, l'artère dentaire inférieure, sur laquelle une ligature fut appliquée.

Toutes ces manœuvres durèrent à peine cinq minutes; les parties molles furent ensuite rapprochées par la suture entortillée, et la malade fut reportée dans son lit.

Après une pareille mutilation, il était à craindre que la langue, privée de son appui antérieur, ne fût entraînée en arrière, que la déglutition surtout ne fût gravement compromise et que le visage ne restât considérablement déformé; il n'en fut rien. La langue, suffisamment maintenue par la cicatrice du côté gauche, n'éprouva aucun mouvement de rétraction; la déglutition des liquides ne cessa pas un seul instant de s'exécuter, et le visage conserva sa régularité et ses formes primitives. La réunion s'opéra même par première intention, et dès le quatrième jour on put enlever la totalité des épingles sans qu'aucun écartement se manifestât dans la cicatrice.

Aujourd'hui la malade est entièrement guérie; son visage ne présente aucune déformation, ainsi qu'on peut le voir sur le portrait au daguerréotype exécuté par M. Bisson père. La parole est parfaitement libre, et la malade peut manger facilement, non-seulement des aliments liquides, mais encore de la viande hachée, du pain, des œufs et toute sorte d'aliments faciles à triturer. Cette trituration s'opère avec une assez grande puissance entre la langue et la voûte palatine.

DEUXIÈME OBSERVATION.

Ostéosarcome de la mâchoire inférieure. — Ablation totale de cet os exécutée en une seule séance, avec conservation du périoste. — Guérison.

(Observation présentée à l'Académie des sciences, le 12 mai 1856.)

Isamat (Jérôme), âgé de 33 ans, vint à l'hôpital de la Pitié, le 11 avril 1856, me consulter pour une affection grave de la mâchoire inférieure. Cette affection, dont le malade faisait remonter l'origine à plus de huit ans, avait débuté par le côté droit de la mâchoire. Elle se manifesta d'abord par un gonflement diffus sur le trajet du corps de l'os; puis les gencives se tuméfièrent; les dents, repoussées de bas en haut, devinrent vacillantes et finirent par tomber. A leur place on vit paraître une tumeur dure, comme fibreuse, qui envahit peu à peu l'intérieur de la bouche, pendant que de son côté l'os continuait à grossir et formait relief à l'extérieur. Tout cela s'accomplissait lentement et sans douleur, de sorte que le malade ne s'en préoccupait que médiocrement. C'est seulement depuis dix-huit mois que la gêne de la déglutition et de la parole, jointe à la difformité hideuse de son visage, l'engagèrent à se soumettre à un traitement régulier. Pendant un an environ, il fut soumis à l'usage de préparations mercurielles, iodurées, sulfureuses, etc., sans que la marche du mal fût en rien modifiée. Alors, sur les conseils des médecins de son pays, il se décida à venir à Paris consulter les maîtres de l'art; tous furent d'avis que l'existence était gravement menacée et qu'une opération seule pouvait offrir au malade des chances de salut.

La maladie envahissait alors la presque totalité de l'os maxillaire, seulement elle avait à droite un développement beaucoup plus considérable. De ce côté, son relief extérieur égalait au moins le volume du poing. A l'intérieur, elle refoulait la langue et le voile du palais, et remplissait la plus grande partie de la cavité buccale. Du côté gauche, elle était beaucoup moins saillante, mais il était facile de reconnaître qu'elle s'étendait jusqu'à la base de la branche verticale.

Dans tous les points, la tumeur était ferme et résistante ; à l'extérieur, elle avait la dureté osseuse, tandis que dans l'intérieur de la bouche elle donnait plutôt la sensation du tissu fibreux. La face gingivale, entièrement dépouillée de dents molaires, offrait un sillon profond dans lequel s'engageait l'arcade dentaire supérieure. En avant, au contraire, et à gauche, les dents étaient seulement un peu déviées de leur direction normale. Les téguments muqueux et cutanés n'offraient aucune altération, ils glissaient facilement sur la tumeur. Aucun engorgement n'existait du côté des ganglions, et la santé générale était excellente.

Tel était l'état des choses lorsque, le 15 avril, je procédai à l'opération.

Le malade étant soumis au chloroforme, j'incisai verticalement la lèvre inférieure sur la ligne médiane, et continuant l'incision horizontalement du côté droit, je divisai profondément les parties molles jusqu'au devant du masseter. Dans un deuxième temps, je divisai l'os maxillaire sur la ligne médiane au moyen de la scie à chaîne ; puis, avec le bout du doigt et l'extrémité mousse de ciseaux courbes, je détachai les parties molles tant à l'extérieur qu'à l'intérieur, en ayant soin d'y comprendre en même temps le périoste ; ce temps fut long et laborieux à cause du volume de la tumeur et de la saillie qu'elle faisait du côté de l'arrière-gorge.

Dans un quatrième temps, je cherchai à porter en avant l'apophyse coronoïde en faisant basculer l'os ; mais celui-ci, devenu trop fragile par la distension de ses fibres, se brisa au-dessous de l'apophyse. Saisissant alors celle-ci avec un davier, je l'attirai en avant, je divisai le tendon du crotaphyte et celui du ptérygoïdien externe avec des ciseaux courbes, et je terminai cette première partie de l'opération en extrayant le condyle.

Le plus difficile était fait : l'autre portion du maxillaire, bien qu'altérée profondément, était loin d'offrir la même tuméfaction ;

aussi ne trouvai-je pas nécessaire d'inciser les parties molles extérieures. Après avoir divisé la muqueuse gingivale en dehors et en dedans de l'arcade dentaire, j'énucléai l'os de son périoste, je divisai d'un coup de bistouri le nerf mentonnier, puis quant au masseter et au ptérygoïdien interne, je les déchirai près de leur insertion avec le bout du doigt indicateur. Faisant ensuite basculer l'os pour attirer en avant l'apophyse coronoïde, je divisai avec des ciseaux courbes le tendon du temporal et celui du ptérygoïdien externe, et par un brusque mouvement d'arrachement je terminai l'opération.

L'extirpation de la moitié latérale droite avait exigé trois ligatures, celle de la moitié gauche n'en réclama aucune. Quelques bourdonnets de charpie furent seulement introduits dans l'espèce de cul-de-sac correspondant au condyle, puis on procéda au rapprochement des parties divisées.

Par excès de prudence et bien que la langue n'eût aucune tendance à se porter en arrière, je crus devoir passer un fil à la base du frein, puis je rapprochai les deux moitiés de la plaie, ainsi que les bords de la plaie horizontale du côté droit, avec des points de suture entortillée sur lesquels je fixai le fil qui retenait la langue.

Immédiatement après le pansement, le malade put avaler sans trop de peine quelques gorgées d'eau et de vin sucré; cependant je crus devoir opérer l'alimentation, pendant les deux premiers jours, avec la sonde œsophagienne.

Les suites de cette grave opération furent d'une simplicité inespérée. C'est à peine si le malade eut la fièvre traumatique; la réunion de la plaie extérieure se fit par première intention, dans les neuf dixièmes de son étendue. Dès le deuxième jour on put retirer les bourdonnets de charpie de l'intérieur; le quatrième jour on enleva les épingles : dès lors la guérison parut assurée, et en effet elle ne s'est point démentie.

Aujourd'hui, quatre semaines seulement se sont écoulées depuis l'opération, et la guérison est tellement parfaite qu'on a vraiment peine à croire à tout ce qui s'est passé. Le visage, de monstrueux qu'il était, est devenu régulier et même gracieux; l'œil le plus exercé y trouve à peine les traces d'une légère cicatrice; les mouvements de la bouche sont conservés intacts; la langue a recouvré tous ses mouvements; la parole est nette et facile; la déglutition s'opère sans obstacle, et déjà même à la place de l'os maxillaire on voit qu'il se développe un tissu dense et résistant qui, grâce à l'entière conservation du périoste, pourrait bien plus tard subir la transformation osseuse.

Description de la pièce anatomique.

La pièce anatomique représente la mâchoire inférieure tout entière, complétement dépouillée de son périoste. On y remarque, aux condyles, aux angles et à l'apophyse coronoïde, des portions de fibres musculaires appartenant aux masseters, aux deux ptérygoïdiens et aux crotaphytes.

Du côté droit, cet os forme une tumeur du volume du poing, constituée par la présence d'une production fibreuse qui s'est développée dans son intérieur, et en a écarté les fibres au point de les réduire à une couche mince et transparente. Du côté gauche, l'altération est moins avancée; cependant l'os a triplé de volume, et la production fibreuse s'est creusé dans toute l'étendue de la portion horizontale un long canal de 2 à 3 centimètres de diamètre, dans lequel elle est comme enkystée.

Le tissu de la production morbide est essentiellement fibreux, sans aucun mélange de corpuscules cancéreux, épithéliaux ou fibro-plastiques.

Description de la mâchoire artificielle confectionnée par MM. Préterre et Fowler six mois après l'opération.

L'appareil que porte Isamat se compose de deux parties réunies entre elles par deux charnières et deux ressorts.

Partie supérieure.—La partie supérieure se compose d'une plaque en or d'environ 18 millimètres de largeur, moulée sur la partie intérieure de la base de l'arcade dentaire supérieure et la partie antérieure de la voûte palatine où elle prend son point d'appui.

Cette plaque, dans toute sa partie médiane, qui s'étend depuis la seconde petite molaire supérieure droite jusqu'à la seconde petite molaire supérieure gauche, s'applique exactement sur toutes les saillies et sur tous les enfoncements de la partie antérieure de la voûte palatine. Son bord antérieur présente une sorte de feston irrégulier qui s'adapte parfaitement aux saillies et aux enfoncements formés par la série des collets des dents de l'arcade dentaire supérieure. Sur les parties latérales, à partir de la première bicuspidée, les moyens d'adhérence sont encore plus complets. Une lame d'or d'environ 3 millimètres de hauteur forme un demi-cercle qui embrasse trois côtés de la couronne de la seconde petite molaire. Les grosses molaires sont couvertes par une autre lame d'or beaucoup plus épaisse (la face de la dent, qui est en contact avec la muqueuse de la joue, ainsi que la surface triturante, étant libres), dont la partie supérieure se moule exactement sur les dents qu'elle embrasse et dont la partie inférieure, qui revêt la face triturante, présente à sa face inférieure des sillons et des saillies transversales à arêtes vives qui s'engrènent avec une surface semblable que présente la partie correspondante du maxillaire inférieur artificiel. Le revêtement métallique des grosses molaires était nécessaire pour donner de la solidité à l'articulation de la partie supérieure avec la partie inférieure.

Nous avons pensé que les dents artificielles ordinaires, venant s'appliquer sur les dents naturelles, seraient moins favorables pour la mastication qu'un engrenage métallique, qui retient les aliments jusqu'à ce qu'ils soient complétement triturés.

Nous avions essayé de laisser les surfaces triturantes des dents artificielles en contact avec celles des dents naturelles; mais, chez ce malade, les mouvements de latéralité n'ayant plus lieu, la mastication se faisait trop imparfaitement. C'est pour cela que nous avons placé les surfaces comme nous venons de les décrire.

La partie droite ne diffère de la partie gauche qu'en ce que la première grosse molaire manquant à droite, nous avons profité de l'intervalle qui existe entre la deuxième petite molaire et la deuxième multicuspidée pour y placer le porte-ressort qui fixe l'extrémité supérieure du ressort de ce côté.

A gauche, l'extrémité supérieure du ressort est fixée au niveau de l'intervalle qui existe entre les collets de la deuxième bicuspidée et la première grosse molaire.

Partie inférieure. — *Partie principale de la pièce.* — Cette partie, qui n'est qu'un maxillaire inférieur artificiel, se compose essentiellement d'une arcade dentaire en dents minérales munies de leurs gencives. Chaque dent, avec la partie de gencive correspondante, forme une pièce séparée, ce qui faciliterait une réparation de l'appareil si elle devenait nécessaire. Ces dents sont ajustées sur une base en or. Cette base présente un volume assez considérable ; mais comme elle est creuse, son poids est loin d'être en rapport avec son volume. La cavité est d'ailleurs hermétiquement fermée, ce qui était indispensable pour empêcher les aliments et la salive d'y séjourner. Tout l'appareil ne pèse que 80 grammes.

Le bord inférieur de cette pièce, qui représente jusqu'à un certain point la base du maxillaire inférieur, est épais et arrondi, de manière à se couler sur la gouttière formée par la paroi muqueuse de la lèvre inférieure, le plancher de la bouche et la face inférieure de la langue.

Sur ce bord inférieur, épais et mousse, on remarque deux gouttières peu profondes qui sont destinées à recevoir la saillie formée par l'arc fibreux dont nous avons parlé.

Les multicuspidées de ce maxillaire sont revêtues d'une lame d'or, et la surface triturante est taillée comme la surface correspondante de la partie supérieure de la pièce avec laquelle elle s'engrène.

Charnières. — La partie supérieure et la partie inférieure de l'appareil sont, comme nous l'avons dit, réunies par deux charnières placées aux points de réunion des extrémités des arcades dentaires.

Ressorts. — Deux ressorts placés sur les côtés, et formant chacun un arc à concavité antérieure, ont leurs extrémités fixées au niveau des intervalles compris entre les collets de chacune des dernières petites molaires et de la première multicuspidée qui l'avoisine.

L'élasticité de ces ressorts est assez grande pour tenir écartées les deux parties de la pièce (l'ouverture de l'appareil hors de la bouche est de 7 centimètres dans sa plus grande largeur), mais ils cèdent à la plus légère pression, de sorte qu'à l'état de repos le malade a la bouche fermée sans qu'il soit obligé pour cela de faire le moindre effort.

Une des grandes difficultés de l'appareil était l'impossibilité de prendre l'empreinte, les parties étant molles et n'offrant pas plus de résistance que la cire; aussi avons-nous été obligé de nous baser sur l'empreinte du maxillaire supérieur.

C'est par une série de tâtonnements et par des modifications successives qu'on est arrivé à donner à l'arcade dentaire artificielle la forme d'une arcade dentaire inférieure naturelle, et à adapter la base de la pièce à la conformation des parties molles.

État du sujet muni de la mâchoire artificielle.—Aspect extérieur.— Lorsque Isamat a son appareil, la partie inférieure de la face trouvant un point d'appui, la lèvre inférieure est soutenue et le visage recouvre toute sa régularité. On observe, à la vérité, deux dépressions à l'endroit où devraient être les branches du maxillaire. Nous aurions pu faire disparaître ces dépressions, que du reste la barbe dissimule assez bien; mais la pièce eût été plus lourde et peut-être gênante pour le malade. Ce que l'on aurait gagné pour l'apparence aurait été perdu pour la commodité.

Outre les avantages que nous venons de signaler, pour ce qui regarde l'aspect extérieur du malade muni de sa pièce, nous pensons que cet appareil lui rendra, dans l'avenir, un autre service d'une grande importance. En effet, lorsque le maxillaire inférieur est détruit par une cause quelconque, l'arcade dentaire supérieure tend à rétrécir. Or, chez Isamat, la pièce métallique, qui prend son point d'appui à la partie antérieure de la voûte palatine et à la partie postérieure de l'arcade dentaire supérieure, le maxillaire inférieur artificiel lui-même, dont les incisives et les canines rencontrent par leur face antérieure la face postérieure des incisives et des canines supérieures, de plus les charnières qui fixent la pièce supérieure à la pièce inférieure, tout dans cet appareil s'oppose au rapprochement des deux côtés de l'arcade alvéolo-dentaire supérieure.

Grâce au point d'appui que les muscles trouvent sur le maxillaire artificiel, Isamat n'a plus besoin d'appliquer la langue contre la lèvre inférieure pour ouvrir largement la bouche. L'écartement des mâchoires est, en outre, facilité par les ressorts dont est muni l'appareil.

La force de ces ressorts est dans un tel rapport avec la tonicité musculaire, que celle-ci suffit pour tenir la bouche fermée à l'état de repos, et cela sans que le malade soit obligé de faire le moindre effort.

Prononciation avec la pièce. — Muni de son appareil, il parle avec beaucoup plus de facilité, et non-seulement il prononce très-distinctement les dentales, mais encore il peut élever la voix autant qu'il le juge convenable.

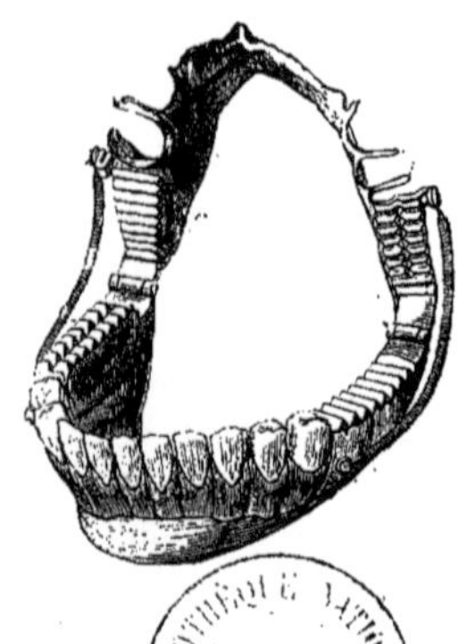

BIBLIOTHÈQUE NATIONALE

Mastication avec la pièce. — Au lieu d'avaler sans mâcher, ou après avoir simplement pressé à l'aide de la langue ses aliments contre l'arcade dentaire supérieure, il peut maintenant broyer des substances d'une certaine consistance, telles que des croûtes de pain, de la viande, des fruits, etc., ce qui lui était tout à fait impossible auparavant.

Il a déjà observé lui-même que tous les jours il gagne quelque chose tant pour la prononciation que pour la mastication, et qu'il digère plus facilement; ce qui résulte non-seulement de ce qu'il peut mâcher, mais encore de ce que l'insalivation est plus complète, les aliments restant plus longtemps dans la bouche et la pièce s'opposant à l'écoulement de la salive. Nous rappellerons que les glandes salivaires et leurs conduits n'ont point été lésés dans l'opération.

TROISIÈME OBSERVATION.

Ostéosarcome de la mâchoire inférieure. — Ablation totale de cet os en une seule séance, avec conservation du périoste. — Guérison.

Le 23 juin 1857, une jeune fille de 18 ans, nommée Saumon (Mathilde), vint me consulter avec sa mère pour une tumeur volumineuse qu'elle portait à la mâchoire inférieure. Cette tumeur, dont l'origine, au dire de la malade, ne remontait qu'à dix ou onze mois, avait pris un développement rapide : elle envahissait déjà tout le côté droit de l'os maxillaire jusques et y compris sa branche montante, et du côté gauche se prolongeait jusqu'au niveau de la première grosse molaire. Elle était le siége de douleurs lancinantes qui ne se répétaient toutefois qu'à d'assez longs intervalles (cinq ou six fois seulement par jour). Les dents étaient au complet, sauf la première grosse molaire gauche, qui avait été récemment arrachée. Les parties molles étaient parfaitement saines.

Après un examen approfondi de l'état des choses, je fus d'avis que l'affection de cette jeune fille avait son siége dans le tissu osseux lui-même, qu'elle appartenait à la classe des ostéosarcomes; qu'il y aurait dès lors inconvénient grave, sous le point de vue de la récidive, à ménager la petite portion d'os qui paraissait encore saine du côté gauche, et sur laquelle on ne pourrait, dans tous les cas, conserver que deux dents. En conséquence, je proposai la désarticulation complète de la mâchoire, ce qui fut accepté par les parents et la jeune fille.

Cette opération eut lieu le 30 juin 1857.

1° La malade étant soumise au chloroforme, je fis sur la ligne médiane de la lèvre inférieure une incision verticale qui pénétrait jusqu'à l'os.

2° Au moyen d'une scie à chaîne, je divisai l'os au niveau de la symphyse du menton, ce qui me permit de constater immédiatement l'exactitude de mon diagnostic, relativement à la nature de l'affection.

3° Avec la pointe du bistouri, j'incisai longitudinalement les gencives en dedans et en dehors de l'arcade dentaire.

4° Laissant de côté tout instrument, je séparai rapidement le périoste avec le bout de mon doigt; puis arrivé aux insertions des muscles masseter et ptérygoïdien interne, je les déchirai violemment ainsi que les nerfs et les vaisseaux dentaires.

5° Avec la pointe de mes ciseaux courbes, je coupai l'insertion du crotaphyte.

6° Enfin, par un mouvement brusque, j'arrachai l'os en déchirant les ligaments articulaires et l'insertion du ptérygoïdien externe.

Ce premier acte de l'opération accompli, je procédai à la désarticulation du côté gauche, qui fut exécutée rapidement en suivant les mêmes principes.

Chose remarquable, après cette opération je n'eus besoin de faire aucune ligature. Les artères dentaires déchirées avec le doigt ne donnaient pas une goutte de sang. Les artères labiales, divisées par le bistouri, cessèrent de saigner aussitôt que j'eus rapproché les deux moitiés de la lèvre par la suture entortillée. La langue, retenue par ses insertions au périoste, n'eut aucune tendance à se porter en arrière. Les mouvements de la déglutition s'opérèrent dès le premier jour ; enfin, aucun accident ne vint entraver la guérison qui, dès le quinzième jour, était complète.

Aujourd'hui, six semaines se sont écoulées depuis l'opération ; le visage a recouvré sa forme et sa régularité, et, sauf la mastication, qui, en attendant l'application d'un dentier artificiel, ne s'opère qu'avec la langue, toutes les fonctions de la bouche s'exécutent comme si la malade n'avait pas subi d'opération.

Ainsi donc, voici trois faits d'ablation totale de la mâchoire inférieure, tous les trois suivis de succès et tous les trois parfaitement exempts, dans leur exécution, dans leurs suites et dans leurs résultats, de ces difficultés, de ces accidents et de ces difformités dont on s'était effrayé jusqu'alors. Aussi croyons-nous pouvoir sans témérité poser les conclusions suivantes :

1° L'ablation totale de la mâchoire inférieure peut être soumise à des règles précises ;

2° Elle n'est ni plus difficile ni plus dangereuse qu'un grand nombre d'opérations usuelles ;

3° Elle n'entraîne aucune difformité grave ;

4° Elle ne compromet aucune fonction importante ;

5° Elle se prête parfaitement à l'application d'un dentier artificiel ;

6° Elle mérite à tous égards de prendre rang dans la science à titre d'opération régulière.

Nous ferons remarquer que nos trois opérations ont été pratiquées d'après la méthode sous-périostique, dont les principes émis et développés par M. Flourens trouvent chaque jour de nouvelles et précieuses applications dans la pratique chirurgicale, et nous n'hésitons pas à rapporter la plus grande part des heureux résultats de nos tentatives au soin que nous avons pris de nous conformer à ces principes.

Aucune autre méthode, en effet, n'aurait pu nous permettre une exécution si rapide et si sûre ; aucune n'aurait pu nous mettre aussi complétement à l'abri de l'hémorrhagie ; aucune surtout n'aurait permis de conserver à la langue et aux autres muscles un point d'appui aussi efficace, sans compter qu'il n'est pas impossible qu'un nouvel arc osseux ne vienne à se former entre les deux lames intactes de la membrane.

Description de la pièce anatomique.

La pièce anatomique représente la mâchoire inférieure tout entière, dépouillée de son périoste. Du côté droit, l'os est altéré dans toute son étendue jusqu'au trou dentaire; à gauche, l'altération s'arrête à la première grosse molaire. L'altération consiste dans la présence d'un tissu fibro-plastique intimement mélangé avec les fibres osseuses, d'où résulte une sorte d'hypertrophie générale. Aucun noyau cancéreux n'a pu être reconnu avec le microscope.

EXPLICATION DES PLANCHES.

PLANCHE PREMIÈRE.

Fig. 1. Portrait au daguerréotype de la malade, six semaines après la seconde opération.

Fig. 2. Côté gauche de la mâchoire vu par sa face interne.

Fig. 3. Côté droit de la mâchoire vu par sa face interne.

Fig. 4. Côté gauche de la mâchoire vu par son bord dentaire.

Fig. 5. Côté droit de la mâchoire vu par son bord dentaire.

Fig. 6. Côté gauche de la mâchoire coupé, suivant la longueur, sur le trajet du canal dentaire.

Fig. 7. Côté droit de la mâchoire coupé, suivant la longueur, sur le trajet du canal dentaire.

Fig. 8. Globules observés dans la portion gauche de la mâchoire par M. Robin, et considérés par cet observateur comme cancéreux.

Fig. 9. Globules observés dans la portion droite de la mâchoire par M. Lebert et considérés comme non cancéreux.

PLANCHE DEUXIÈME.

Fig. 1. Mâchoire inférieure entière, complétement dépouillée de son périoste, vue par son bord dentaire.

Fig. 2. Coupe longitudinale du côté droit de la mâchoire montrant la production morbide, de nature fibreuse, renfermée dans une coque osseuse très-mince et traversée par des tractus osseux irréguliers.

Fig. 3. Coupe longitudinale du côté gauche de la mâchoire montrant la maladie à un degré moins avancé sur ce côté de l'os.

Fig. 4. Portrait au daguerréotype du malade six semaines après l'opération.

PLANCHE TROISIÈME.

Fig. 1. Coupe longitudinale du côté droit de la mâchoire montrant l'étendue de la maladie dans cette partie de l'os; l'aspect fibroïde de la dégénérescence, son enkystement dans une coque osseuse à parois minces et les jetées osseuses qui la traversent.

Fig. 2. Mâchoire inférieure entière dépouillée de son périoste, dessinée après dessiccation.

Fig. 3. Portrait au daguerréotype de la malade trois mois après l'opération.

Paris. Typographie de Henri Plon, imprimeur de l'Empereur, rue Garancière, 8.

BIBLIOTHÈQUE IMPÉRIALE

RÉSUMÉ DE 20 OPÉRATIONS DE DÉSARTICULATION DE LA MACHOIRE INFÉRIEURE PRATIQUÉES D'APRÈS LE PROCÉDÉ D'ARRACHEMENT.

NOMS.	AGE.	PROFESSION.	MALADIE.	OPÉRATION.	DATE.	RÉSULTAT.	OBSERVATIONS.
				1° Désarticulation totale.			
1° SOLIVEAU (Angélina). .	16 ans.	Couturière.	Ostéosarcome sans altération des parties molles.	Côté gauche. . . . . Côté droit.	24 septembre 1861. 9 avril 1853.	Guérie.	Malgré la conservation du périoste l'os ne s'est pas reproduit.
2° ISAMAT (Jérôme). . . .	33 ans.	Tanneur.	Ostéosarcome sans altération des parties molles.	Désarticulation complète.	15 avril 1856.	Guéri.	Est muni d'une mâchoire artificielle qui fonctionne bien.
3° SAUMON (Mathilde). . .	18 ans.	Sans profession.	Ostéosarcome sans altération des parties molles.	Désarticulation complète.	23 juin 1857.	Guérie.	Est munie d'une mâchoire artificielle qui fonctionne bien.
				2° Désarticulation partielle.			
4° MOUSSIN.	52 ans.	Journalier.	Cancer de la langue et du pharynx, mâchoire saine.	Désarticulation du maxillaire droit, extirpation des tumeurs de la langue et du pharynx.	12 février 1850.	Guéri (1).	
5° LAMONTAGNE (Victor). .	17 ans.	Motteur.	Ostéite due à la dent de sagesse.	Désarticulation de la branche montante seule derrière la deuxième molaire.	23 octobre 1857.	Guéri.	L'os s'est reproduit complétement.
6° VADY (François). . . .	46 ans.	Cordonnier.	Cancer de l'os et des parties molles.	Désarticulation de la branche droite.	9 avril 1853.	Guéri.	
7° MALDIDIER (Marie). . .	38 ans.	Joigneur de bottes.	Cancer de l'os.	Désarticulation du côté gauche.	14 décembre 1853.	Guéri.	
8° NOURRICIER.	58 ans.	Charpentier.	Cancer de l'os.	Désarticulation du côté gauche.	18 janvier 1855.	Guéri.	
9° M. X., à Nort.	49 ans.	Sans profession.	Cancer de la langue et du pharynx	Désarticulation du côté droit.	24 octobre 1854.	Guéri.	
10° GRÉGOIRE (Marie). . .	64 ans.	Blanchisseuse.	Cancer de la mâchoire.	Désarticulation gauche.	27 novembre 1855.	Guérie.	
11° JANNY (Marguerite). .	45 ans.	Marchande foraine.	Cancer de la mâchoire.	Désarticulation du maxillaire inférieur droit. .	2 mai 1854.	Guérie.	
12° BELOT.	42 ans.	Sans profession.	Cancer du pharynx.	Désarticulation du maxillaire gauche.	14 août 1857.	Guéri.	
13° M. X, à Paris.	30 ans.	Sans profession.	Ostéite due à la dent de sagesse.	Désarticulation droite.	21 décembre 1857.	Mort.	A succombé à une angine couenneuse le neuvième jour, alors qu'il était guéri de l'opération.
14° M. X, à Soissons. . . .	16 ans.	Sans profession.	Ostéosarcome sans lésion des parties molles. . .	Désarticulation gauche.	Septembre 1854.	Mort.	D'érysipèle le dix-septième jour.
15° BON (Edme).	50 ans.	Journalier.	Cancer énorme de la face.	Désarticulation des maxillaires supérieur et inférieur droits.	2 novembre 1853.	Guéri.	
16° ANTOINE (Jean).	45 ans.	Journalier.	Cancer de la face.	Désarticulation des maxillaires supérieur et inférieur droits.	21 octobre 1856.	Guéri.	
17° MOREL.	65 ans.	Journalier.	Cancer de la langue.	Désarticulation droite.	12 avril 1853.	Mort.	Le dixième jour.
18° BRULEY.	62 ans.	Charretier.	Cancer des parties molles et de l'os.	Désarticulation du côté droit.	8 février 1857.	Mort.	Le huitième jour.
19° MUENTZ (Jean).	56 ans.	Domestique.	Cancer de l'os et des parties molles.	Désarticulation droite.	23 avril 1857.	Mort.	Le vingtième jour.
20° CABOIS.	57 ans.	Boulanger.	Cancer énorme de l'os et des parties molles. . .	Désarticulation gauche.	24 septembre 1851.	Mort.	Le sixième jour.

(1) Le mot guéri, appliqué aux malades affectés de cancer, n'est relatif qu'à l'opération ; il ne préjuge en rien la question de récidive.

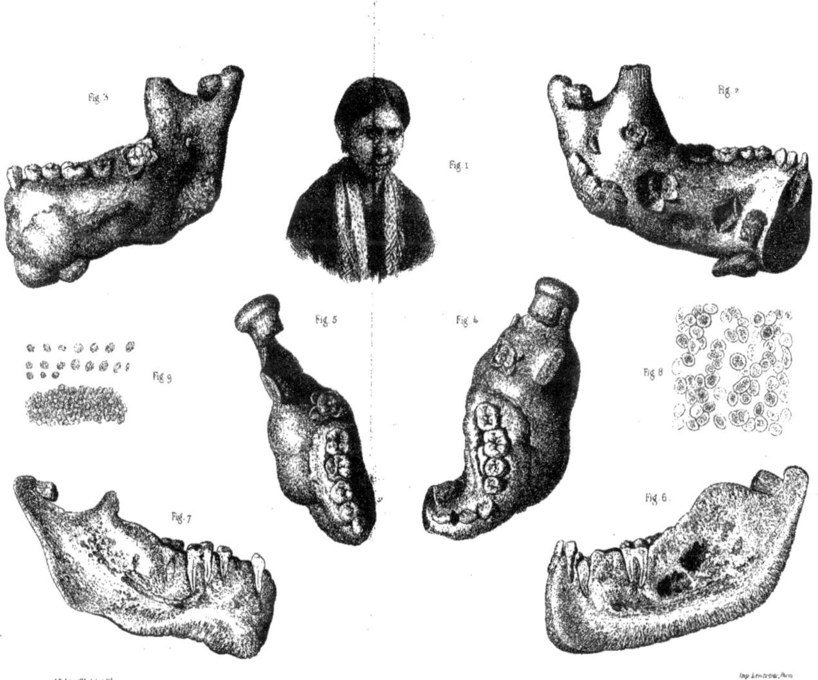
Fig. 3
Fig. 1
Fig. 2
Fig. 5
Fig. 4
Fig. 9
Fig. 8
Fig. 7
Fig. 6
J.B. Léveillé del. et lith.
Imp. Lemercier, Paris

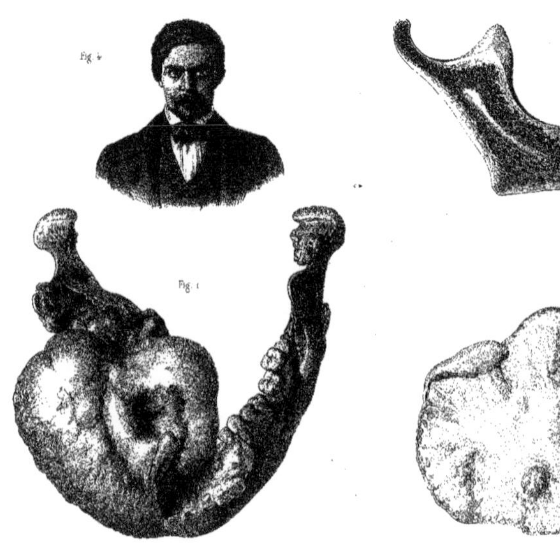
Fig. 4
Fig. 3
Fig. 1
Fig. 2

Fig. 1

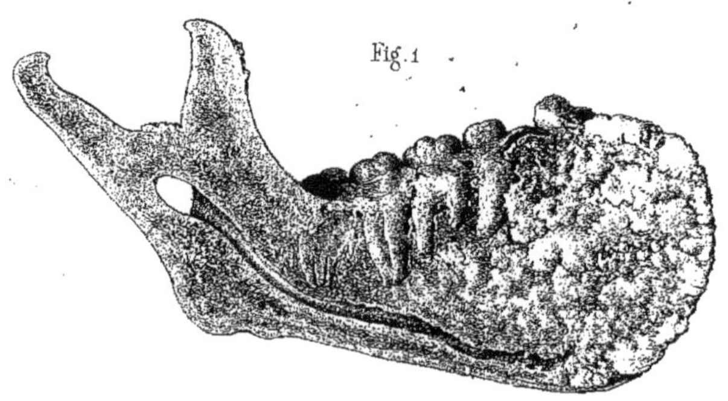

Fig. 2

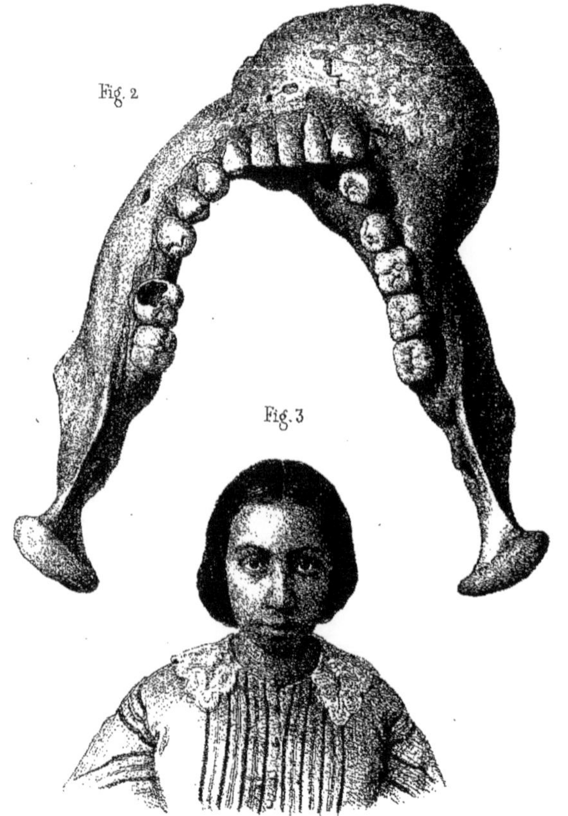

Fig. 3

J. B. Léveillé del. et lith.

Imp. Lemercier, Paris

OUVRAGES ET MÉMOIRES DU MÊME AUTEUR :

1° **MÉMOIRE SUR L'EMPLOI DU SEIGLE ERGOTÉ DANS LA MÉNORRHAGIE,** en collaboration de M. le professeur TROUSSEAU. (*Journal de Thérapeutique,* 1833.)

2° **MÉMOIRE SUR LES CALCULS BILIAIRES.** (*Bulletin de la Société anatomique,* 1834, page 34.)

3° **MÉMOIRE SUR LE PÉRIOSTE ET SES MALADIES.** (Thèse d'agrégation, 1839.) Chez Labé, libraire à Paris. . . . . 3 francs.

4° **MÉMOIRE SUR LA FRACTURE DU PÉRONÉ.** (Archives 1840, t. I, p. 165-483.) Chez Labé, libraire. . . . . 3 francs.

5° **MÉMOIRE SUR LA LUXATION DES DEUX PREMIÈRES PIÈCES DU STERNUM.** (Archives 1842, t. II.)

6° **MÉMOIRE SUR LE DRAGONNEAU.** (Archives 1844, t. III.)

7° **MÉMOIRE SUR L'ENTÉROTOMIE DE L'INTESTIN GRÊLE.** (Archives 1844, t. III, p. 174. Archives 1845, t. I, p. 448.)

8° **MÉMOIRE SUR LA COXALGIE.** (Thèse d'agrégation, 1844.) Chez Labé, libraire. 5 francs.

9° **MÉMOIRE SUR L'ANASTOMOSE INTESTINALE.** (Archives 1845. Académie des sciences, 1844.)

10° **MÉMOIRE SUR LES DÉPLACEMENTS EN GÉNÉRAL.** (*Annales de la Chirurgie,* t. XIV, 1845.)

11° **MÉMOIRE SUR LES TUMEURS DE LA LANGUE.** (Thèse pour le professorat, 1848.) Chez Labé. . . . . 5 francs.

12° **MÉMOIRE SUR LES KYSTES DE L'OVAIRE.** (Thèse pour le professorat, 1850.) Chez Labé. . . . . 5 francs.

13° **MÉMOIRE SUR DE NOUVEAUX PROCÉDÉS POUR LE TRAITEMENT DES FISTULES VÉSICO-VAGINALES.** (*Mémoires de la Société de Chirurgie,* 1851.)

14° **MÉMOIRE SUR LA LUXATION MÉDIO-CARPIENNE.** (*Mémoires de la Société de Chirurgie,* 1851).

15° **TRAITÉ PRATIQUE DES MALADIES VÉNÉRIENNES** (en collaboration de M. le docteur MONTANIER), 1853, un fort vol. in-8°. Chez Labé. . . . . 7 francs.

16° **LEÇONS CLINIQUES SUR LES AFFECTIONS CANCÉREUSES.** (1853-1854). Chez Labé. . . . . 2 francs la livraison.

17° **MÉMOIRE SUR UNE NOUVELLE MÉTHODE D'URÉTROTOMIE, POUR LA CURE RADICALE DES RÉTRÉCISSEMENTS DE L'URÈTRE.** (Académie de Médecine, 1854.)

18° **NOTE SUR UNE NOUVELLE MÉTHODE POUR LE TRAITEMENT DE L'OZÈNE ET DE PLUSIEURS AUTRES AFFECTIONS DES FOSSES NASALES.** (Académie de Médecine, 10 janvier 1854.)

19° **MÉMOIRE SUR UNE NOUVELLE MÉTHODE DE CATHÉTÉRISME, ET SUR SON APPLICATION A LA CURE RADICALE ET INSTANTANÉE DES RÉTRÉCISSEMENTS DE L'URÈTRE.** (Académie des Sciences, 14 mai 1855), in-8°. Chez Labé. . . . . 2 francs.

20° **MÉMOIRE SUR UNE NOUVELLE MÉTHODE POUR L'AMPUTATION DES MEMBRES, DITE MÉTHODE DIACLASTIQUE.** (Lu à l'Académie des Sciences le 26 avril 1858), in-8°. Chez Labé. 2 francs.

21° **MÉMOIRE SUR UNE NOUVELLE MÉTHODE DE CAUTÉRISATION, DITE CAUTÉRISATION EN FLÈCHES, PERMETTANT DE DÉTRUIRE EN UNE SEULE SÉANCE LES TUMEURS LES PLUS VOLUMINEUSES.** (Lu à l'Académie des Sciences, le 20 septembre 1858), in-8°. Chez Labé. . . . . 2 francs.

22° **MÉMOIRE SUR LA LIGATURE EXTEMPORANÉE.** (*Clinique européenne,* 1859.) En voie de publication.

NOTE SUR LES TITRES ET TRAVAUX SCIENTIFIQUES DE L'AUTEUR, présentée à l'Académie des Sciences à l'appui de sa candidature à la place de membre titulaire de la section de chirurgie. Chez Labé. . . . . 1 franc.

PARIS. TYPOGRAPHIE DE HENRI PLON, IMPRIMEUR DE L'EMPEREUR, RUE GARANCIÈRE, 8.

www.ingramcontent.com/pod-product-compliance
Ingram Content Group UK Ltd.
Pitfield, Milton Keynes, MK11 3LW, UK
UKHW020427220726
13923UKWH00005B/2133

9 782019 291280